EINHUNDERTMAL
„BE"
LEUCHTEN

HERTALDIS OFFERMANN

EINHUNDERTMAL
„BE"
LEUCHTEN

Bibliografische Information der Deutschen
Nationalbibliothek:
Die Deutsche Nationalbibliothek verzeichnet diese
Publikation in der Deutschen Nationalbibliografie;
detaillierte bibliografische Daten sind im Internet über
http://dnb.dnb.de abrufbar.

Lyrik © 2017 Hertaldis Offermann, Berlin
Herausgeber und Gestaltung:
Ralf Höpfner, Hamburg
Fotos © 2017 Hertaldis Offermann, Berlin
Herstellung und Verlag:
BoD – Books on Demand, Norderstedt
© 2017
ISBN: 9783744840446

„BE" VON EVENTUELL „BEI" ALS NAHE GEDEUTET

UND ALS MITTEL NACH OBJEKTEN ZU FORDERN

IST FÜR MICH NICHT DAS MOTIV „BE"

ZU „BE"- LEUCHTEN.

IN DER IN WORTE GEFASSTEN KOMMUNIKATION

VERSTÄRKT SICH FÜR MICH NICHT NUR

MANCHER GEHALT

AUCH KANN ER SICH IN ANDERE RICHTUNG

ENTFALTEN UND BE-STÄRKT MICH DESHALB

DIESE SILBE NICHT NUR ZU FASSEN –

NEIN AUCH IN SINNSPRÜCHEN

MICH DAMIT ZU BEFASSEN

Hertaldis Offermann
Berlin, im Mai 2017

ERST WENN ICH BEACHTE

KANN DARAUS EIN ACHTEN ENTSTEHEN

ATMEN IST DIE GRUNDPRÄMISSE JEDEN LEBENS

DRUM WER DEM LEBEN DIENEN WILL

MUSS SICH FÜR ALLE LEBENSFORMEN

BEATMUNGSTECHNIKEN ERDENKEN

SELBST DER PFLANZE

MUSS ICH ZUGANG ZUM LICHT ERMÖGLICHEN

UND SO IHR DIE GRUNDLAGE

FÜR IHRE ATMUNG SCHAFFEN

SICH MÜHEN UND PLAGEN

BEZEICHNET DEUTSCHE SPRACHE

OFT MIT ACKERN BIS ZUM UMFALLEN

DOCH OHNE BEACKERN DES BODENS

WÄR' ACKERN NICHT MEHR NÖTIG

WEIL WIR VERLERNT HABEN

IN UNBEACKERTER WELT ZU ÜBERLEBEN

ICH KANN IN GEDANKEN LUFTSCHLÖSSER BAUEN

WIE AUCH IN WIRKLICHER WELT ETWAS BAUEN

DOCH IN DER REALEN WELT

IST DAS BEBAUEN EINER FLÄCHE

AN BEDINGUNGEN GEKNÜPFT

WIR DÜRFEN ALLES – WAS DER WELT
UND DEN MENSCHEN NICHT SCHADET

DOCH BEDÜRFEN WIR ZUM ÜBERLEBEN
DURCH ZIVILISATION
UND DAMIT EINHERGEHENDER DEKADENZ
ALS NATURPRODUKT EBEN IM HEUTE AUCH
VIELER PRODUKTE DIE EINDEUTIG DER WELT
UND DAMIT DEN MENSCHEN SCHADEN

VIELE GEISTER VERSUCHEN ERSCHEINUNGEN

DIE WAHRNEHMBAR SIND ZU DEUTEN

DOCH SEIT DIE SPRACHE BENUTZT WIRD

ENTSTEHT DURCH DIE VIELFALT DES ERLEBENS

EINE UNENDLICHE ZAHL WAS ES KÖNNTE BEDEUTEN

ALLES HANDELN DIENT EINEM ZIEL

OB ES NUN VOM VERSTAND

DEM KÖRPER ODER DER SEELE ANGEREGT WIRD

OB ES NUN ABER INNEREN AUFTRAG

ODER ÄUSSERE ORDER BEDIENT

KANN EIN GEFÜHL

DES „ICH HABE ES SATT – ICH BIN BEDIENT"

HERVORRUFEN

WAS IN MIR WOHLGEFÜHL ERZEUGT

KANN GERNE DAUERN

UND WIRD HERBEIGESEHNT

DOCH WEHE

WENN MEINE HOFFNUNG WIRD ENTTÄUSCHT

WERDE ICH DIE ZEITVERSCHWENDUNG

IM TIEFSTEN HERZEN STETS BEDAUERN

DAS AUSSEN SCHNELL GESPROCHENE WORT

IST DAMIT NIE GEMEINT

DENN ALS UMGANGSFLOSKEL GERN GENUTZT

KEIN EHRLICH MITGEFÜHL SICH ZEIGT

ERBEN KANN ICH --- BEERBEN WILL ICH

DAS IST DER EINZIGE UNTERSCHIED

EILEN KÖNNEN ALLE UM MICH HERUM

OHNE MICH ZUM BEEILEN ZU ANIMIEREN

ERST WENN ES FÜR MICH

PERSÖNLICH BEDEUTSAM WIRD

WERDE ICH DURCH BEEILEN VERSUCHEN

DAS GEWÜNSCHTE ZIEL SCHNELLER ZU ERREICHEN

FALLEN IST EINE BEWEGUNGSFORM

UND VON PFLANZEN VON TIEREN

AUCH VON MENSCHEN BEKANNT

DOCH SPRICHT JEMAND VOM BEFALLEN SEIN

BESCHREIBT ER

EINEN NICHT WOHLTUENDEN SEIENSZUSTAND

JEDE MINUTE DES TAGES

FÜLLT DAS ERLEBEN IN VERSCHIEDENER FORM

ENTZIEHEN KANN SICH KEIN LEBEWESEN

DENN ZEIT AUFZUHALTEN IST KEINEM GEGEBEN

BEGEGNET MIR JEDOCH EINE LEERE VON NÖTIGEM

WERDE ICH NACH MÖGLICHKEITEN SUCHEN

DURCH BEFÜLLEN DER LEERE

DEM MANGEL VORZUBEUGEN

FÜHLEN IST NICHT ZWINGEND

AN MATERIE AUSSERHALB DES KÖRPERS GEBUNDEN

DOCH GANZ IM GEGENSATZ DAZU

VERLANGT DAS BEFÜHLEN STOFFLICHER SUBSTANZ

FÜRCHTEN GEHÖRT ZUM LEBENSERHALT
SONST WÜRDE ICH
LEBENSBEDROHUNSGEFAHREN NICHT MEIDEN

DOCH DAS BEFÜRCHTEN
BESCHNEIDET OFT ERFAHRUNGSVIELFALT
WEIL MEINE VORSTELLUNGEN
DEM LEBEN BIETEN UNNÖTIGEN EINHALT

ZWISCHEN STREITHÄHNEN FRIEDEN ZU STIFTEN

WIRD OFT MIT DEM WORT BEFRIEDEN BEZEICHNET

DOCH BESCHREIBT DIESES WORT

NUR DEN STATUS QUO

WEIL NIEMALS ETWAS BLEIBT EBEN SO

DER GRÖSSTE INNERE WUNSCH

IST DAS SICH FREI FÜHLEN

OBWOHL AUCH DER HUND OHNE LEINE

GERN IN FRAUCHENS NÄHE BLEIBT

DOCH BEFREIEN WIR UNS

AUS DEM ZUSTAND GEFANGEN ZU SEIN

FÄLLT UNS ERST AUF WIE SEHR WIR ALLEIN

FEHLEN UNS ÄUSSERE GRENZEN

IM TÄGLICHEN LEBEN

UFERT DIE VIELFALT IN UNENDLICHHKEIT

UM DIESEM CHAOS SICH NICHT AUSZULIEFERN

FOLGEN WIR GERN VERSTECKTEN BEFEHLEN

DURCH SOZIALE GRUPPEN SIND WIR VERSTRICKT

IM HISTORISCH GEWORDENEN BEFEHLEGEFLECHT

NEUGIER WILL STETS ETWAS FINDEN

UM IM LEBENSFLUSS WEITER ZU TREIBEN

NUR SELTEN WIRD DABEI ERNSTHAFT GESUCHT

WAS MEINEM BEFINDEN WIRKLICH GUT TUT

.

JEDER TROPFEN FOLGT STETS NACH

WENN WASSER IN BEWEGUNG

SO AUCH DER HANDLUNG IMMER FOLGT

WAS DURCH SIE ERREGT

BEFOLGEN ALLERDING ERFORDERT IMMER

EIN ENTSCHEIDUNGSFÄHIGES SUBJEKT

OB AUS GEWOHNHEIT ODER EINSICHT

FÄLLT DABEI GAR NICHT INS GEWICHT

FASSEN KANN ICH ALLES WAS FASSBAR IST

IM REALEN WIE AUCH IM GEISTE

DOCH WILL ICH MICH MIT EINER SACHE BEFASSEN

WIDME ICH IHR KRAFT ZEIT UND ENERGIE

GEHEN ALS BEWEGUNGSFORM

WIRD VON TIEREN UND MENSCHEN GEPFLEGT

ES FÜHRT UNS AN UNSERE ZIELE

DIE WIR ANGESTREBT

DOCH BEGEHEN WIR ETWAS DAS NICHT ERLAUBT

WERDEN WIR DER GEH-FREIHEIT

MEISTENS BERAUBT

DAS WORT GUCKEN WIRD SELTEN GEBRAUCHT

ES IST NEUEREN BESCHREIBUNGEN GEWICHEN

DOCH FÜHLT JEDER DEN UNTERSCHIED IM BAUCH

WENN VOM BEGUCKEN GESPROCHEN WIRD

IM GUCKEN IST DAS ZIEL NOCH DIFFUS

DOCH BEGUCKEN WERDE ICH

WAS ICH BEURTEILEN MUSS

MANCHE IDEEN GEISTERN DURCH MEINE PHANTASIE

DOCH MUSS ICH DIE MEISTEN IMMER VERWERFEN

WENN ABER EIN BEGEISTERN MEIN WESEN ERFASST

HÄLT MICH NICHTS MEHR FERN

VON DEM ZUKÜNFTIGEN SPASS

ÖFTER SCHON HAT EINE GIER MICH BEENGT

WOLLTE IN DIESEM MOMENTWAS GENIESSEN

DOCH WIRD

DAS BEGEHREN DANN MAL ANALYSIERT

BEMERKT MAN OFT

DASS NUR GEWOHNHEIT VERFÜHRT

ERFAHRE ICH GUNST FÜHLE ICH MICH GEBORGEN

UND DAS WÜNSCHE ICH AUCH EINEM FREUND

DESHALB BEGÜNSTIGE ICH GERN LIEBEN MENSCHEN

WEIL DAS DANN BEIDE SEELEN ERFREUT

HÄNDE GREIFEN DIE MATERIELLE WELT

DOCH BEGREIFEN SOLL DER VERSTAND

DENN

NUR VOM BEGREIFEN DER SACHEN UND DINGE

IST NOCH LANGE NICHT BEGREIFEN DARIN

INVOLVIERT

DAS MITEINANDERVERFLOCHTENSEIN

IM TÄGLICHEN LEBEN

ERMÖGLICHT ERST EIN BEGREIFEN DES SINNS

GIESSEN WERDE ICH ALLE PFLANZEN

DIE AUF MICH ANGEWIESEN SIND

DENN SIE BRAUCHEN DAS WASSER

ALS LEBENSELEXIER

WENN WIR ABER ETWAS LUSTVOLL

GEMEINSAM BEGIESSEN

DANN WOLLEN WIR LÖSCHEN

DIE MÜHEN DAFÜR

GRÜSSEN IST NUR EINE SOZIALE FLOSKEL

DIE ALS NORM VON VIELEN ERFÜLLT

DOCH HAST DU MAL EINEN HUND BEOBACHTET

DER SEINEM MENSCHEN WIEDER BEGEGNET

DANN WEISST DU

WAS DAS BEGRÜSSEN EIGENTLICH MEINT UND

WELCH GEFÜHL SOLCHES BEGRÜSSEN BESCHREIBT

DAS HEBEN

WIRD VON DER SCHWERKRAFT GELENKT

UND DESHALB SIND WIR DARAN GEWÖHNT

DOCH BEHEBEN VERLANGT AKTIVE ENTSCHEIDUNG

SICH EINER STÖRUNG IN DEN WEG ZU STELLEN

WENN WIR WAS HALTEN

IST ES ZU UNSERER VERFÜGUNG

WOBEI NICHTS ÜBER DEN VERBLEIB AUSGESAGT

ERST WENN WIR DEN MOMENT

IN DIE ZUKUNFT MÖCHTEN AUSDEHNEN

MÜSSEN WIR DIE VERFÜGUNG

DURCH BEHALTEN WOLLEN KUNDTUN

HAFTEN MUSS ICH FÜR DAS VERHALTEN

MIR SCHUTZBEFOHLENER

ODER

FÜR EINEN VON MIR VERURSACHTEN SCHADEN

DOCH BEHAFTEN KANN ICH ETWAS

MIT NEGATIVEM ODER POSITIVEM IN DER REDE

ODER NACHREDE

ODER MIT EINEM UNBEWIESENEN VERDACHT

BEHAFTUNG WIEGT OFT SCHWERER ALS REALITÄT

GEHEIMNISSE SOLLTE MAN HÜTEN

DAMIT SIE GEHEIM BLEIBEN

DOCH ANVERTRAUTE TIERE ODER SCHÄTZE

MUSS MAN BEHÜTEN

ALSO VOR SCHADEN BEWAHREN

GEHEIMNISSE SOLLEN OFT AUCH DAZU DIENEN

SCHADEN FERNZUHALTEN

DOCH MEHR IM IDEELLEN

ALS IM MATERIELLEN RAHMEN

IRREN GEHÖRT ZUR ERFAHRUNG

DENN DARAUS WIRD OFT ZWINGEND GELERNT

DOCH LASS ICH MICH BEIRREN

GESTATTE ICH FREMDEM WESEN

SICH IN MEIN WESEN ZU SCHLEICHEN

UND MICH VON MEINEM ZIEL ABZUBRINGEN

JUBELN KANN ICH

FÜR MICH SELBST ODER MIT ANDEREN

WENN FREUDE UNS BIS INS INNERE ERREICHT

DOCH BEJUBELN WIRD MEIST VERORDNET

WENN DIE WIRKLICHKEIT

FÜR DAS JUBELN NICHT REICHT

MANCHE MENSCHEN GENIESSEN DAS KLAGEN AUCH
WENN ES NICHTS KONKRETES ZU BEKLAGEN GIBT

SO VERLIERT DAS BEKLAGEN EINES MISSSTANDES
VON SOLCHEN PERSONEN OFT DIE DRINGLICHKEIT
FÜR ANDERE ETWAS ÄNDERN ZU MÜSSEN

WIR KENNEN

MENSCHEN GEGENDEN STÄDTE BÜCHER

KUNSTWERKE

DOCH WENN WIR UNS ZU EINER TAT BEKENNEN

NEHMEN WIR AHNDUNG IN KAUF

ODER ERWARTEN LOB

ERST

WENN ICH DIE IDEEN VON GEMEINSCHAFTEN KENNE

SOLLTE ICH DIE ENTSCHEIDUNG

MICH DAZU ZU BEKENNEN

TREFFEN

TÄGLICH IM LEBEN KÄMPFE ICH

MIT DEN ANFORDERUNGEN DES ALLTAGS

NOTWENDIGES DABEI ZU BEKÄMPFEN

GEWÖHNT MAN SICH

AUS ÖKONOMISCHEN GRÜNDEN AB

DOCH SCHLEICHT SICH MANCHE

UNDISZIPLINIERTHEIT EIN

MUSS DAS BEKÄMPFEN

IN DAS ALLTAGSPROGRAMM MIT HINEIN

--- ZU VIEL ESSEN

--- ZU VIEL RAUCHEN

--- ZU VIEL TRINKEN

--- ZU WENIG BEWEGEN ---

KEHRE DOCH VOR DEINER TÜR

WIRFT MAN OFT DEN NÖRGLERN VOR

WILL ICH ABER ANDERE GEWINNEN

DASS SIE SICH ZU EINER IDEE SELBER BEKEHREN

DARF ICH DEN WISSENSERWERB DARÜBER

NICHT WEHREN

KLEIDEN SOLLTEN WIR UNS WEGEN DER KÄLTE

ODER WIR SCHMÜCKENUNS FÜR EIN FEST

DOCH BEKLEIDEN MÜSSTEN WIR NUR DIE BLÖSSE

OB DAS DER HINTERGRUND

FÜR DAS BEKLEIDEN EINES AMTES AUCH IST?

LACHEN IST DIE NATÜRLICHSTE MEDIZIN

FÜR DEN KÖRPER DEN GEIST UND DIE SEELE

DOCH BELACHT UNS EIN ANDERER

NEHMEN WIR SCHADEN

WEIL WIR SELBST IM BELACHEN ANDERER

UNSERE ERFAHRUNG SCHON HABEN

LEIHEN KANN MAN SICH STOFFLICHES IMMER

DENN GEFÜHLE UND IDEEN

MUSS ICH SELBER ENTWICKELN

WILL ICH ABER ETWAS BELEIHEN

MUSS ICH ÜBER MATERIELLE GÜTER VERFÜGEN

LIEBEN IST DIE GRÖSSTE SEHNSUCHT

IN MENSCH- UND TIERWELT

WEIL DIESE ANZIEHUNG DIE GATTUNG ERHÄLT

NUN SCHREIBEN KULTUREN SO IHRE REGELN

WIE DAS MITEINANDER ZU PFLEGEN

IN DIESEM LEBEN

IST ES NUN MAL ZUR NORM DANN ERHOBEN

DASS PAARE

SICH SELBST DAUERHAFT VERSCHWOREN

IST ES EIN TREUEBRUCH DIESES VERSPRECHENS

WENN DIE PARTNER

NACH BELIEBEN DANN WECHSELN

LAUFEN ALS BEWEGUNGSFORM

VON MENSCH UND TIER

IST GANZ SELBSTVERSTÄNDLICH

DOCH

WACHSEN DIE ZINSEN UNERMESSLICH IN DIE HÖHE

BELAUFEN SIE SICH ZU EINEM ENORMEN BETRAG

DER ANGEHÄUFTE BETRAG

IST DANN DER INHALT DES WORTES

EBENSO WIE METALLE

DURCH OXYDATION BELAUFEN

WAS DANN EINER REINIGUNG

(WIE AUCH DER SCHULDENTILGUNG)

DRINGEND BEDARF

LASSEN KANN ICH SCHLECHTE MANIEREN

INDEM ICH MICH UM REGELVORGABEN BEMÜHE

BELASSE ICH FALSCHES BENEHMEN

IN JEDER UMGEBUNG

WIRD MIR SCHADEN DARAUS ENTSTEHEN

WENN ICH GERN ETWAS IM ALTEN BELASSE

LASSE ICH DIE CHANCE EINER VERÄNDERUNG

VORBEIZIEHEN

LEHREN IST EINE EDLE TAT

DIE VON VIELEN MIT LEIDENSCHAFT

GEPFLEGT WIRD

NUN GIBT ES ABER OFT CHARAKTERE

DIE GRUNDSÄTZLICH

ALLE MITMENSCHEN BELEHREN WOLLEN

WEIL SIE VON DENEN GLEICHES VORGEHEN

WIE DAS EIGENE HANDELN ERWARTEN

EINZEMENTIERT

UND NICHT MEHR OFFEN FÜR NEUES IM LEBEN

ERSCHEINT DIESES WESEN DANN OFT AUCH

IM GESICHT

AUGEN KÖNNEN LEUCHTEN IM GLÜCK

WIE EIN STERN STRAHLT AM HIMMEL

ODER EINE ANDERE LICHTQUELLE LEUCHTET

IN DER DUNKELHEIT

DOCH BELEUCHTET MAN

SOWOHL IN GEDANKEN MIT SICH SELBST

ODER IM DISPUT MIT AUSTAUSCHENDEM PARTNER

EINEN GANZ BESTIMMTEN ASPEKT

DANN WIRD DER BLICK DADURCH

SO VIEL SCHÄRFER

DASS MAN OFT NEUES ENTDECKT

ELTERN ANIMIEREN OFT IHR KIND
DASS ES DOCH WAS MALEN KÖNNTE
SO WIRD DAS MALEN FRÜH GEÜBT
AUCH ALS TRAINING FÜR DIE HÄNDE

HABEN SIE DAS LOB GENOSSEN
WIRD ES PLÖTZLICH ZUM VERDERBNIS
DENN SIE DÜRFEN NUR BEMALEN
WAS DAFÜR ZWAR AUCH GEEIGNET
DOCH MIT VERBOTEN JETZT BELEGT IST

MANGEL KANN ICH

SEHEN FÜHLEN SCHMECKEN TASTEN RIECHEN

WEIL ALLE SINNE VORERWARTEN

WIE ES ANGENEHM WÄR' FÜR MICH SELBST

OB ICH MICH DAMIT BEGNÜGE

IST VOM WESEN OFT BESTIMMT

WER SICH EINER NORM BEWUSST

WIRD DAS FEHLEN BALD BEMÄNGELN

UND ABÄNDERUNG VERLANGEN

DOCH MANCHER TRAUT SICH DAS NICHT ZU

UND LIEBT VIEL MEHR NOCH ALLER RUH

WENN MENSCHEN NICHT NEIDEN KÖNNTEN

IN IHREM NATURELL

WÜRDEN SIE NIEMALS

ZU ERKÄMPFENDE ZIELE ANSTREBEN

ICH HALTE DAS FÜR DEN ANTRIEB

UM FLEISSIG ZU SEIN

DOCH IM GEGENSATZ DAZU

FÜHLE ICH DAS BENEIDEN

DENN DARAUS FOLGT

KEIN WIRKLICHER HANDLUNGSANTRIEB

SONDERN EIN PASSIVER ZUSTAND

DES SICH SELBER BEDAUERNS

KUMMER SEHNSUCHT SORGEN

NAGEN AN DER SEELE

DOCH MIT WOHLBEHAGEN BENAGT DIE MAUS

DAS BROT

WIRD DER MENSCH IHR DAS VERSAGEN?

VORLIEBEN KÖNNTE ICH SEHR LEICHT NENNEN

UND WIE EINE NAMENSLISTE AUFSAGEN

DOCH WERDE ICH

NACH DIFFUSEN GEFÜHLEN GEFRAGT

FÄLLT ES OFT SCHWER SIE ZU BENENNEN

NACHRICHTEN NEHME ICH ZWAR ZUR KENNTNIS

DOCH MEIST BETREFFEN SIE MICH

NICHT PERSÖNLICH

BENACHRICHTIGT MAN MICH ABER GANZ SPEZIELL

IST DAS EREIGNIS MIT MEINEM LEBEN

VERFLOCHTEN

NEHMEN IST IN ALLEM LEBEN VORHANDEN

SELBST DIE PFLANZEN

NEHMEN DAS WASSER ZU SICH

OB AUS DER ERDE DER LUFT ODER DER VASE

EBENSO

WIE MENSCH UND TIER NEHMEN DIE NAHRUNG

DAS BETRIFFT ABER IMMER NUR STOFFLICHES

DER UNTERSCHIED ZUM BENEHMEN

BESTEHT DURCH IMMATERIELLE KOMMUNIKATION

DAMIT KANN ICH

VERLETZEN KRÄNKEN TRÖSTEN ERMUTIGEN

IN EINEM SPEISERESTAURANT ORDERE ICH

EIN MENUE

ODER ORDERE IM GESCHÄFT DIE LIEFERUNG

EINES BESTIMMTEN PKW

DOCH WERDE ICH VOM CHEF

IN DESSEN BÜRO BEORDERT

SCHWANT MIR EINE ERMAHNUNG

ODER ZURECHTWEISUNG SOFORT

DASS ES AUCH EINE BEFÖRDERUNG SEIN KÖNNTE

HOFFE ICH ZWAR INSGEHEIM

DOCH ÜBERWIEGT DIE ANGST

GIB OBACHT BEDEUTET

HÜTE DAS DIR ANVERTRAUTE

SCHÜTZE ES VOR SCHADEN

UND BRING ES UNBESCHADET ZURÜCK

AUCH GIB OBACHT AUF DICH IST EBENSO GEMEINT

VIEL OFFENER DAS BEOBACHTEN

DENN DAS IST

EIN WERTEFREIES INFORMATIONEN SAMMELN

DIE DANN ERST IN DER AUSWERTUNG

ZUR STELLUNGNAHME FÜHREN

JEDEN KOFFER MUSS ICH PACKEN

DAMIT GENUG HINEINPASST

DOCH BEPACKE ICH EINEN MENSCHEN EIN TIER

ODER EIN FAHRZEUG

LADE ICH LASTEN AUF

UND VERSTAUE SIE NICHT IN EINEM BEHÄLTER

PFLÜGEN WIRD DER BAUER

DEN NEU ZU BEARBEITENDEN BODEN

DOCH IN DER WISSENSCHAFT

SPRICHT MAN NICHT VOM PFLÜGEN

SONDERN VOM BEPFLÜGEN

EINES BESTIMMTEN BEREICHS

IN ENG GESTECKTEN GRENZEN WIRD DAS WISSEN

IMMER WIEDER UND WIEDER UMGESCHLAGEN

UM NEUE ERKENNTNISSE ZU GEWINNEN

REDEN KANN MAN MIT SICH MIT ANDEREN

SOWOHL SPRACHLICH AKUSTISCH HÖRBAR

ALS AUCH STUMM IM GEISTE

DOCH BEREDEN FUNKTIONIERT NUR MIT ANDEREN

WEIL MAN ABSPRACHEN VEREINBART

AN DIE SICH DANN MEHRERE HALTEN MÜSSEN

RUFEN WIRD DAS FRAUCHEN

DEN HUND DIE KINDER ZUM ESSEN

DEN MANN ZUM GRILLEN

DOCH BERUFEN WIRD DER DOZENT AN DIE UNI

WEIL MAN SICH BERUFT

AUF SEIN KÖNNEN UND WISSEN

MAN RUFT NICHT DIE PERSON

SONDERN BERUFT SICH AUF SEINE KOMPETENZ

RATEN IST DAS HERUMIRREN IN TEILBEKANNTEM

EIN WENIG AHNT MAN DURCH TEILWISSEN

DOCH GENÜGT ES NICHT

ZUR EINDEUTIGEN BENENNUNG

VON UNWOHLSEIN ZUKUNFTSEREIGNIS ODER

FREUNDESVERHALTEN

BERATE ICH ABER MIT ANDEREN

EINEN SACHVERHALT

WÄCHST DAS KONKRETE WISSEN

UND DIE KOMPETENZ STEIGT SO

DASS NICHT MEHR RATEN NÖTIG IST

REISEN IST SEHNSUCHT LUST FREUDE

MÜHE LAST UND QUAL

DER ANLASS KANN SEHR UNTERSCHIEDLICH SEIN

DASS MAN DEM HEIMATHAFEN VORÜBERGEHEND

DEN RÜCKEN ZUWENDET

SPRICHT ABER EINER DAVON

DASS ER DIE WELT BEREISEN MÖCHTE

DANN WEISS ER AUCH UM DIE MÜHEN

DOCH DIE NEUGIER

AUF FREMDE MENSCHEN SITTEN LÄNDER

IST GRÖSSER ALS DIE SEHNSUCHT

NACH BEQUEMLICHKEIT DES ZU HAUSE SEINS

UND MULTIPLIZIERT SICH MIT JEDEM ERLEBNIS

ZU NOCH GRÖSSERER LUST AM BEREISEN

ICH MÖCHTE NICHT DAZU BERUFEN SEIN

ZU RICHTEN

DENN NIEMALS WIRD ALLEN GENÜGE GETAN

ABER VON ERLEBNISSEN

AUSFÜHRLICH ZU BERICHTEN

LASSE ICH MICH GERN ANREGEN –

EGAL OB SOFORT IM REDEN MIT ANDEREN

ODER IN SCHRIFTLICHER FORM

ACH

WAS HABE ICH MICH IMMER AUFS REITEN GEFREUT

DAS GEMEINSAME FÜHLEN

MIT SO EINEM EDLEN TIER

HAT MICH IN DEN 7. HIMMEL GEHOBEN

DOCH DIE ANDEREN VERLANGTEN VON MIR

DASS ICH BEREITEN SOLLE DAS TIER

HAT MICH VON DEN REITERN OFT INNEN ENTFERNT

UND ICH ES DANN NOCH MEHR VERWÖHNT HABE

ALS ZUVOR

RECHTEN HEISST

SICH UM DIE BERECHTIGUNG STREITEN

FÜR MICH DIE EINDEUTIGSTE DEFINITION

DER VORSILBE „BE"

STÜRMEN KANN MAN EINE BASTION

ODER ZU EINEM ERSEHNTEN EREIGNIS

DIE UNGEDULD TREIBT VORAN

ODER DIE HERAUSFORDERUNG HINDERNISSE

ZU ÜBERWINDEN

BESTÜRMT ABER DER VERLIEBTE ZU SEHR

DIE ANGEBETETE

KANN DAS ZUM ERSCHRECKEN FÜHREN

DENN BEIM BESTÜRMEN

EMPFINDET SICH EINE PERSON BEDRÄNGT

SCHÜTZEN IST

EIN NOCH NICHT BEZOGENER BEGRIFF

DENN ER BEZEICHNET NUR

ALLGEMEINES VERHALTEN

DOCH BESCHÜTZEN

SPRICHT IMMER VOM OBJEKT

DEM MEIN SCHUTZ WIRD ZUTEIL

ICH BESCHÜTZE AUCH

EINEN KLEINEN PFLANZENSPROSS

INDEM ICH NICHT DARAUF TRETE

ODER ICH BRINGE DURCH EIN GATTER

EINEN ALLGEMEINEN SCHUTZ AN

RUFE IN DEN BERGEN

SCHALLEN ALS ECHO ZURÜCK

WIRD ABER EIN FESTPLATZ BESCHALLT

DANN SIND KÜNSTLICHE AKUSTISCHE VERSTÄRKER

EINGESETZT

DAMIT DER KLANG DER STIMMEN ODER MUSIK

BIS IN DEN LETZTEN WINKEL VORDRINGT

SEHEN IST DIE GRÖSSTE GABE

UM INFORMATIONEN ZU SAMMELN

LERNEN FÜHLEN DENKEN

SIND DAVON DETERMINIERT

SAGE ICH ABER

DASS ICH ETWAS BESEHE

DANN SUCHE ICH GANZ SPEZIELLE MERKMALE

SO WERDE ICH

DIE HINFALLWUNDE EINES KINDES BESEHEN

WIE AUCH DAS BILD EINES BERÜHMTEN MALERS

DAS GANZE LEBEN SUCHT NACH MÖGLICHKEITEN

WIE KANN ETWAS IM MOMENT

NOCH ANGENEHMER LEICHTER BEGEHRENSWERTER

GENUSSVOLLER GESTALTET WERDEN

AUCH WER BESUCHT ERHOFFT SICH

ANGENEHME UNTERHALTUNG

WARMHERZIGES EMPFANGENWERDEN

LUSTVOLLE ZEIT

WENN ER NICHT

AUS IRGENDEINER FREMDPFLICHT HERAUS

BESUCHT

SETZEN IST ANHALTEN DER UNSTETEN BEWEGUNG

OB ICH DEN BUCHSTABEN ZUM DRUCKEN SETZE

ODER MICH SELBST IM SESSEL FLÄZE

ES IST EINE UNTERBRECHUNG

DES KÖRPERLICHEN BEWEGUNGSABLAUFS

BESETZT JEDOCH EIN FREMDER

MEINEN GEBUCHTEN PLATZ

FÜHLE ICH DAS UNRECHT UND WAHRE MEIN RECHT

DASS FLÖHE IGEL ZU HAUF BESETZEN

WEISS JEDER

DER DEN IGEL MAL NÄHER BETRACHTET HAT

SETZEN IST RECHT

BESETZEN OHNE ERLAUBNIS UNRECHT

FÜR DIENSTE SCHULDET MAN

DEM LEISTENDEN DANK ODER GELD

WENN MAN ABER BESCHULDET AUCH BESCHULDIGT

DANN GIBT MAN VOR DASS DER ANDERE

DER WELT ODER EINEM MENSCHEN WAS SCHULDE

SAMEN ERHÄLT ALLES LEBEN AUF UNSERER WELT

PFLANZEN TIERE MENSCHEN

KÖNNEN SICH OHNE NICHT VERMEHREN

ÜBERNIMMT NUN DER MENSCH

DIE FUNKTION VON INSEKTEN

DANN BESAMT ER DIE TIERE

ALS WÄR' ER NATUR

SELBST TIERE STRAFEN SICH UNTEREINANDER

WENN EINER DIE RANGORDNUNG

NICHT GENAU BEACHTET

DOCH BEI DEN MENSCHEN

IST DIE UNMITTELBARKEIT VERLOREN

UND DARAUS WURDE BESTRAFEN GEBOREN

HIER KLAFFT DAS FALSCHE AGIEREN

UND REAGIEREN ZEITLICH AUSEINANDER

UND IST OFTMALS NICHT ECHT ADÄQUAT

AUCH WURDEN

MUSTER VON ANDEREN ÜBERNOMMEN

DIE NICHTS MEHR MIT DEM WIRKLICHEN

BIOLOGISCHEN VERBUND ZU TUN HABEN

STAUNEN IST ANHALTEN UM ZU SORTIEREN

BESTAUNEN VEREHRT

OB   DIE BLUME   DAS BAUWERK   DAS KUNSTWERK

DIE KOMPETENZ EINES MENSCHEN

EBEN ETWAS

WAS MAN SICH SELBST NICHT ZUTRAUT

ZU SCHAFFEN

STREITEN

IST FRUCHTBRINGENDE BEREICHERUNG EINER IDEE

WISSEN GEBEN UND NEHMEN

UND GEMEINSAM AUF DER ERKENNTNISLEITER

HÖHER STEIGEN

BESTREITE ICH ABER EINEN SACHVERHALT

ODER EINE EIGENSCHAFT ODER EINE AUSSAGE

SCHWEBT MIR DAVON

EINE ANDERE ERINNERUNG VOR

ALS DEM GEGENÜBER

VORSÄTZLICHES GEGEN BESSERES WISSEN

BESTREITEN IST LIST UND HINTERHALT

UND VERSUCHT

VORTEIL FÜR SICH SELBST ZU ERWIRKEN

DIE MÜCKE WIRD MICH STECHEN

WENN ICH NICHT SCHNELLER BIN SIE ZU VERJAGEN

EBENSO DER KAKTUSSTACHEL

BEI UNAUFMERKSAMKEIT

DOCH BESTECHE ICH JEMAND

ERWARTE ICH VORTEIL

DER MIR EIGENTLICH NICHT ZUSTEHT

ALLERDINGS

KANN AUCH WIRKLICHE ÄUSSERLICHE SCHÖNHEIT

ODER CHARMANTE UMGANGSART BESTECHEN

SO DASS ICH AUCH SO ERST MAL

VOM WAHREN WESEN ABGELENKT WERDE

DIE ZEIT STEHLEN KANN EINER DEM ANDEREN

INDEM ER IHN MIT BELANGLOSIGKEITEN ABHÄLT

VON FÜR IHN WICHTIGEN BESCHÄFTIGUNGEN

GEFÜHL UND WISSEN

WÜNSCHEN STETS BEREICHERUNG

SIND EWIG HUNGRIG

WER DANACH NICHT STREBT

STIEHLT SICH BEREITS SELBST DIE ZEIT

ABER BESTEHLEN VERSTEHT JEDER

DENN HIER WIRD JEMAND

EINER MATERIELLEN SACHE BERAUBT

ICH TREFFE MIT DEM PFEIL DEN INNENRING

ODER DEN NAGELKOPF MIT DEM HAMMER

ODER EINEN ERSEHNTEN FREUND

ABER UNSERE GESPRÄCHSTHEMEN BETREFFEN

DIE VERSCHIEDENSTEN GEBIETE

UNSERE GEDANKEN

VERSCHIEDENE WÜNSCHE

UNSERE PLÄNE

VERSCHIEDENE ZIELE

TRETE ICH DIE PEDALE EINES FAHRRADS

ROLLEN DIE RÄDER

BIN ICH UNACHTSAM TRETE ICH AUF KLEINE KÄFER

ODER PFLANZENSPROSSE ODER IN EINEN HAUFEN

GEHE ICH ZUM TANZE BETRETE ICH DEN SAAL

ODER DEN VORLESUNGSRAUM ZUM STUDIEREN

DOCH BIN ICH BETRETEN

WENN MICH EINE ENTÄUSSERUNG EINES ANDEREN

IN MEINER SEELE VERSTIMMT

JEMAND OHNE ERLAUBNIS

HAT MEIN GEFÜHLSLEBEN BETRETEN

DER TITEL IST DER ROTE FADEN

AN DEM SICH DIE ERÖRTERUNG LANGHANGELT

EBENSO WIE DER AKADEMISCHE GRAD

ALS ERGEBNIS DES AUSBILDUNGSWEGES

DOCH BETITELN WIR UNS

IM MITMENSCHLICHEN LEBEN

MIT UNENDLICHEN VIELEN NAMEN

DIE VON DER SCHLIMMSTEN BESCHIMPFUNG

BIS ZUR GRÖSSTEN LIEBKOSUNG REICHEN

DAS TOR IST DIE ÖFFNUNG DIE EINLASS GEWÄHRT

MEIST KANN ES NUR

VON DEN UMSCHLOSSENEN GEÖFFNET WERDEN

DOCH BETÖREN MÖCHTE

WER VON AUSSEN IN DEN ANDEREN HINEIN

SO IST DIE ZIELRICHTUNG

AUF EIGENEN GEWINN GERICHTET

DENN LUST UND HOFFNUNG SIND DER ANTRIEB

GEGENDEN HABEN IHRE EIGENE TRACHT

IN DER KLEIDUNG ENTWICKELT

OFT WIRD DABEI

NACH KONKRETEM ERKENNEN GETRACHTET

OB SCHON VERHEIRATET ODER NOCH LEDIG

KANN MAN OFT AN DER TRACHT ERKENNEN

BETRACHTEN HAT FÜR MICH

EINEN SEHR SINNLICHEN ASPEKT

GENUSS STAUNEN IN SICH AUFSAUGEN WOLLEN

UM ES SPÄTER

AUS DEM GEDÄCHTNIS ABRUFEN ZU KÖNNEN

BETRACHTEN IST EINE GRUNDBEDINGUNG

FÜRS TRÄUMEN

MEINE ICH

STELLEN WILL SICH SEHR BALD DER KRABBLER

WEIL ER SO VIEL MEHR SIEHT VON DER WELT

ICH STELLE MICH DEN HERAUSFORDERUNGEN

ZUM WETTKAMPF

UM MICH ZURECHTZUFINDEN IN DER WELT

BESTELLEN KANN ICH NUR DINGE

NIEMALS   DIE LIEBE   DAS WETTER   GESUNDHEIT

DIE MUSS ICH NEHMEN WIE SIE GEGEBEN

MIT DEM MESSER WERDE ICH

DAS FLEISCH SCHNEIDEN

UM ES MIR MUNDGERECHT ZU MACHEN

DIE BROTE SCHNEIDEN WIR HEUTE IN SCHEIBEN

DENN FRÜHER WURDE DIESES GEBROCHEN

DOCH DIE ROSENBÜSCHE WERDE ICH BESCHNEIDEN

UM SO WILDEN WUCHS ZU VERHINDERN

DER MENSCH HAT DURCH ZÜCHTUNG

DIE WIRKLICHE NATUR

SCHON SO SEHR BESCHNITTEN

DASS ER NUN EWIG IN DER ENTFREMDUNG

VERHARREN MUSS

BESCHNEIDE ICH AUCH MENSCHEN ZU SEHR IHRES

NATÜRLICHES BEGEHRENS

ENTWICKELN SIE SICH VON IHRER NATUR WEG

SPIELEN ALS WORT BENUTZT MAN AUCH

WENN EIN MUSIKINSTRUMENT MÜHSAM ERLERNT

UND SPÄTER BEHERRSCHT WIRD

DAS IST FÜR MICH ABER SEHR DANEBEN

DENN DABEI MÜSSEN VORGABEN BEFOLGT WERDEN

SOWOHL DES KOMPONISTEN

ALS AUCH DES INSTRUMENTS

DAS SPIELEN DES KINDES

IST DAS NATÜRLICHE PROBIEREN

WIE ETWAS AUSSER SEINES KÖRPERS FUNKTIONIERT

DOCH BESPIELEN HAT FÜR MICH DEN AUSSCHLUSS

EIGENEN HANDELNS IN SEINER BEDEUTUNG

MANCHER WÜNSCHT SICH STÄNDIG

DURCH DIE AUSSENWELT BESPIELT

ALSO UNTERHALTEN (GEHALTEN) ZU WERDEN

ZWEI ODER MEHRERE MEINUNGEN

STIMMEN SICH AB

ÜBERPRÜFEN GEMEINSAMES ODER

ENTGEGENGESETZTES

UND VERSUCHEN EINEN KONSENS ZU FINDEN

DAS GANZE GEGENTEIL IST DAS BESTIMMEN

DENN HIER DRÜCKT EINER DEM ANDEREN

SEINEN GESCHMACK SEINE MEINUNG

SEINEN ZEITVERTREIB SEINE ZIELE AUF

OHNE DESSEN INTERESSEN DABEI

WIRKLICH ZU BEDENKEN

OFT MEINT ER JA

ER WÜSSTE WAS GUT FÜR DEN BESTIMMTEN SEI

DOCH BESSER WÄRE

ER WÜRDE NUR ÜBER SEIN GELD

IN SEINER GELDBÖRSE BESTIMMEN

TRINKEN UND BETRINKEN

SIND DIE „BESSEREN" SPRACHLICHEN WÖRTER

FÜR SAUFEN UND BESAUFEN

DAS EINE IST ABSOLUT LEBENSNOTWENDIG

FÜR JEDES LEBEWESEN

DOCH DAS BETRINKEN

GIBT ES NICHT NUR BEIM MENSCHEN

GEBE ICH TIEREN BENEBELNDE FLÜSSIGKEITEN

KÖNNEN AUCH SIE SICH BETRINKEN

BEIM MENSCHEN PASSIERT ES AUS DUMMHEIT

FLUCHT VOR DER WIRKLICHKEIT ANGEBEREI

ZÜGELLOSIGKEIT

WAS ALLES NIEMALS AUF EIN TIER ZUTRIFFT

WIE SCHNELL URTEILEN WIR

WEIL WIR MEINEN DIE FAKTEN ZU KENNEN

DOCH OFT KÖNNEN WIR DEN WIRKLICHEN

ZUSAMMENHANG GAR NICHT BEURTEILEN

WEIL UNS DIE INFORMATIONEN DAZU FEHLEN

URTEILEN IST FÜR MICH AUSSCHLIESSEN

DOCH BEURTEILEN IST INS VERHÄLTNIS SETZEN

ZU ALLEN MÖGLICHKEITEN

VORTEIL STREBT JEDES MENSCHLICHE HANDELN AN

DOCH ERKENNT EIN MENSCH

DASS EIN ANDERER VON JEMAND BEVORTEILT WIRD

ERSPRIESSEN ALLE RACHSÜCHTIGEN GELÜSTE

IN IHM

DEN ZU UNRECHT ERGATTERTEN RANG

WIEDER ABZUJAGEN

WERBEN KANN ICH UM DIE GUNST EINES TIERES

ODER EINES MENSCHEN

BEWERBEN WERDE ICH MICH

UM EINE ARBEITSSTELLE

ODER UM EINEN BESTIMMTEN POSTEN

ALSO EINE BESTIMMTE STUFENSPROSSE

AUF DER KARRIERELEITER

WERBEN KANN ICH MIT FREMDEN MITTELN

WIE MEDIEN VERSCHIEDENSTER ART

GEHT ES JEDOCH UM EIN BESTIMMTES PRODUKT

BEWERBE ICH ES

DER WIRT IST SCHULD

DASS ICH DAS „BE" SO DURCHFORSTET HABE

DENN ALS ICH AN DIE WIRTSCHAFT DACHTE

UND DAS BEWIRTEN DARIN

WURDE MIR KLAR DASS ES NICHT IMMER

IN GLEICHER POSITIVER BEDEUTUNG

IM SPRACHGEBRAUCH BLEIBT

HIER ÄNDERT DAS BEWIRTEN NUR DEN ZEITASPEKT

WIRT BLEIBT ER

BEWIRTEN MUSS ER IM MOMENT

WAS WAHR MIR ERSCHEINT

VERSUCHE ICH ZU BEWAHREN ES ALSO ZU HÜTEN

WOBEI OFT WAHRES IM NÄCHSTEN MOMENT

SICH SCHON VERÄNDERT HABEN KANN

ICH WERFE DEN BALL DEN STEIN DIE PAPIERTAUBE

IN DER ABSICHT

DASS SICH DER GEWORFENE GEGENSTAND

WIE ERWARTET VERHÄLT

VERWERFE ICH ABER EINEN PLAN

HAT MEINE ERWARTUNG

EIN MISSLINGEN ANGEKÜNDIGT

UND ICH NEHME ABSTAND VON MEINEM VORHABEN

BEWERFE ICH ALLERDINGS EINEN MENSCHEN

ODER EINE SACHE

SOLLTE ICH DIE FOLGEN ZUVOR BEDENKEN

WIE OFT BENUTZEN WIR DAS WORT

„WEGEN" IN DER BEDEUTUNG „WEIL"

DENN ES WURDE ETWAS

DURCH EINEN ANLASS VERÄNDERT

DEUTLICH KANN DAS BEWEGEN

DARAUS ABGELEITET WERDEN

DENN ES MUSS

DER GEDANKE   DAS HANDELN   DER KÖRPER

DIE SEELE BEWEGT WERDEN

WEGEN NEUER UMSTÄNDE

ZEUGEN KANN BEDEUTEN

ETWAS ERSCHAFFEN

ODER ABER BEZEUGEN WAS GESEHEN UND ERLEBT

DAS EINE SCHAFFT EINE NEUE QUALITÄT

WÄHREND DAS BEZEUGEN NUR BESCHREIBT

WAS SCHON EXISTIERT

VERGANGENHEIT UND ZUKUNFT

BEGEGNEN SICH IN DEM WORT

WIR ZIEHEN DIE KARRE AUS DEM DRECK

DAS BEDEUTET KRAFTAUFWAND

EGAL OB KÖRPERLICH ODER MIT GEISTIGEM DISPUT

ODER DURCH BESONDERS LIEBEVOLLE ZUWENDUNG

BEZIEHEN WIR ABER PRÜGEL

ERHALTEN WIR WAS

GENAU WIE WIR EINE ZEITUNG BEZIEHEN

UND DAS BETT

ERHÄLT DURCH UNSER BEZIEHEN SEINEN BEZUG

ZEICHNEN KANN MAN

MIT ALLEN MÖGLICHEN MATERIALIEN

VON DER KOHLE KREIDE BIS ZUR ÖLFARBE

DOCH BEZEICHNEN KANN NUR DIE SPRACHE

INDEM SIE VEREINBARTE BEGRIFFE

IN EINER SOZIALGEMEINSCHAFT BENUTZT

ZAHLEN SIND NUMERI

DURCH DIE VERHÄLTNISSE ZUEINANDER

BESPRECHBAR WERDEN

WENN WIR BEZAHLEN

WIRD AUCH EIN VERHÄLTNIS BESPRECHBAR

NÄMLICH WER KASSIERT UND WER BEZAHLT

ICH ZWINGE MICH

EIN VORHABEN IN KÜRZESTER ZEIT ZU BEENDEN

DOCH DAZU MUSS ICH SEHR VIELE

HINDERNISSE HÜRDEN ZWISCHENAUFGABEN

BEZWINGEN

ZWINGEN HEISST

SICH GEGEN LUST VORLIEBE TRÄGHEIT

ZU ENTSCHEIDEN

DEN MOMENT BEZWINGEN

UM NACH ERREICHTEM ZIEL

ALLEN ZWANG ZU VERGESSEN

Hertaldis Offermann, den 26.5.2017